janine amos

¿Qué síntomas produce el

alcohol

en el cuerpo&mente

de Juan?

EVEREST

Título original: *Jon Drinks Alcohol*
Traducción: Alberto Jiménez Rioja

First published by Cherrytree Books (a member of the Evans Publishing Group)
2A Portman Mansions, Chiltern Street, London W1U 6NR, United Kingdom
Copyright © Evans Brothers Limited 2002
This edition published under licence from Evans Brothers Limited
All rights reserved

© EDITORIAL EVEREST, S. A.
Carretera León-La Coruña, km 5 - LEÓN
ISBN: 84-241-8707-5
Depósito legal: LE. 17-2004
Printed in Spain - Impreso en España

EDITORIAL EVERGRÁFICAS, S. L.
Carretera León-La Coruña, km 5
LEÓN (España)
Atención al cliente: 902 123 400
www.everest.es

Agradecimientos:
Fotografía: David Simson
Diseño: Keith Williams
Trabajo artístico: Fred van Deelen
Consulta: Dr. Gillian Rice

**Todos los personajes que
aparecen en este libro son
ficiticios y están representados
por modelos.**

El editor agradece el permiso para
reproducir las siguientes fotografías a:
Corbis 11 (Walter Hodges);
Chris Fairclough 7; Photofusion 30
(Don Gray); Popperfoto/Reuters 28
(Eric Gaillard).

introducción

La salud es un bien precioso del que sólo tenemos conciencia cuando nos falta. Mientras se es joven nunca se piensa en que se puede ser candidato a tener una enfermedad.

No es fácil gozar de las cosas buenas que nos rodean y conseguir que nuestras cualidades físicas, psíquicas y sociales se potencien al máximo si nuestro cuerpo no se encuentra en las mejores condiciones posibles.

En el mundo actual se ha multiplicado la presencia en el mercado de numerosas "ayudas" milagrosas -píldoras, cremas, masajes, etc.- que parecen resolver todo sin ningún esfuerzo, de forma sencilla y rápida.

Todas las personas aspiramos a tener una imagen y una actitud social que nos haga sentir integrados en nuestros círculos sociales y familiares, pero este deseo no justifica que pongamos en peligro nuestra salud creándonos problemas para los que la solución no siempre es fácil.

La colección **cuerpo&mente** reúne información rigurosa y objetiva acerca de algunas de las cuestiones que comienzan a ser importantes para conseguir tus objetivos de reconocimiento y éxito personal y social. Todos los temas se tratan con un lenguaje claro, evitando juicios de valor y retratando situaciones reales y próximas, "historias de la vida", con las que puedas identificarte y sentirte tratado con respeto.

Conocer tu cuerpo y las presiones sociales a las que te enfrentas te ayudará a tener una visión crítica de los mensajes que prometen logros de dudosa credibilidad, y te hará tomar decisiones acertadas en situaciones difíciles.

Prevenir las enfermedades y tener un mejor conocimiento de lo que significa estar sano, constituyen los instrumentos más eficaces y valiosos para conseguir el bienestar, en el más amplio sentido. Aunque con el paso de los años se ha conseguido prolongar la vida de las personas, como dice la Organización Mundial de la Salud, **"No basta con dar años a la vida, sino vida a los años"**.

Merece la pena hacer el esfuerzo por desarrollar la capacidad de elección ante el abanico de posibilidades, beneficiosas unas y peligrosas otras, que la sociedad en la que vivimos te ofrece.

Consuelo López Nomdedeu
Especialista en Educación Sanitaria
Profesora de la Escuela Nacional de Sanidad

cuerpo&mente

¿Qué síntomas produce el alcohol
en el **cuerpo&mente**
de Juan?

contenidos

¿qué e

6

Los padres de David han salido pero su hermano mayor, Fran, está en casa. Escuchan CDs cuando llegan los amigos de Fran.

—¿Sales, Fran? —pregunta uno de ellos.

—¡Estoy de canguro de mi hermano! —dice Fran sonriendo—. ¡Adelante!

Los amigos de Fran se sientan. Han traído unas latas de cerveza.

—¡Ahí va una, chavales! —ofrece un chico mayor que se llama José. Le tiende una lata a David.

—¡Yo no puedo, paso!—dice David.

—¡Gallina! —contesta José riéndose.

A Juan no le gusta que un chico mayor se ría de ellos y coge la lata.

—Pero yo sí. La cerveza mola —responde Juan. Abre la cerveza y da unos tragos: es amarga y le hace sacudir la cabeza. Sonia y Luis beben también. Le devuelven la lata a Juan y éste echa otro trago. No le gusta el sabor, pero la termina.

Muy pronto, Juan sier

El alcohol es un producto químico. El tipo de alcohol de las bebidas alcohólicas se llama alcohol etílico o etanol: es un líquido fuerte e incoloro. Por sí mismo resulta demasiado fuerte para el cuerpo, así que se mezcla con agua.

ginebra, se hacen de cereales como malta o centeno; se sirven en pequeñas cantidades y a menudo se mezclan con zumos o refrescos. También se mezclan entre sí en cócteles.

Los licores dulces son bebidas de alta graduación con saborizantes y azúcar.

Todas las bebidas alcohólicas son drogas. Cambian la forma en que funcionan tu cuerpo y tu mente.

el alcohol?

Hay cuatro tipos de bebidas alcohólicas: vinos, cervezas, bebidas de alta graduación y licores dulces. Los vinos parten del zumo de uva. Las cervezas se hacen con cebada, levadura y lúpulo. Las bebidas de alta graduación, como whisky o

7

alor y un cierto mareo. También está nervioso y habla mucho. Juan se está emborrachando.

los efectos de

José le da a Juan otra lata de cerveza.

—Los mayores no nos ganarán —bromea.

Esta vez Juan no nota el sabor. Cuando se pone de pie está todavía más mareado. Se siente relajado y bien consigo mismo.

A la hora de irse, Sonia y Luis acompañan a Juan a casa. Éste va tambaleándose, y hablando y riendo en voz alta.

—¡Deja de mover así los brazos! —dice Sonia—. Pareces idiota.

—No dices más que tonterías y no se te entiende cuando hablas —añade Luis.

Juan piensa que todo lo que le dicen es muy divertido. Charlotea y se ríe durante todo el camino a casa.

Cuando llegan a casa de Juan, entran sin hacer ruido por la puerta de atrás. Oyen a los padres de Juan que discuten en la cocina. Luis y Sonia llevan a Juan a su habitación. Juan se tira en su cama y cierra los ojos.

La habitación parec

El alcohol llega al cerebro a través del torrente sanguíneo.
Afecta a las áreas que controlan el habla, la memoria y el equilibrio.

alcohol

El alcohol que Juan ha bebido llega a su estómago. A los pocos minutos pasa al torrente sanguíneo y comienza a circular por el cuerpo.

Cuando el alcohol llega al cerebro comienza a desconectar las células cerebrales una por una. Las primeras células cerebrales que se desconectan son las que controlan el pensamiento racional, la memoria y el habla.

Después, el alcohol viaja a la parte de su cerebro que controla el equilibrio, razón por la cual a Juan le cuesta caminar y se siente mareado.

"No dejar que los mayores nos ganen" no es razonable. Los niños y jóvenes tienen cuerpos más pequeños que los adultos, por eso son menos capaces de metabolizar el alcohol. Se emborrachan con más rapidez que la gente que tiene más edad y más tamaño que ellos.

9

ar vueltas.

Pronto Juan pasa gran parte de su tiempo con José y los demás.

el alcohol en e

Los mayores siempre traen unas cuantas latas de cerveza. Juan se las compra con su paga. Cada vez bebe más. Ya no le importa el sabor de la cerveza: mientras bebe, se siente relajado y seguro.

A veces las cosas se descontrolan un poco. Si han estado bebiendo, todos arman mucho jaleo y hacen cosas que normalmente no harían. Una tarde ayudan a Juan a subir a una barandilla muy alta y comienzan a gritarle y a golpear latas mientras Juan intenta caminar por ella.

En ese momento todo parece muy divertido. Ve a Luis, a Sonia y a David caminando debajo de él. Juan les saluda con la mano.

—¡Idiotas! —grita David.

Juan resbala y se cae. Desgarra la sudadera y se golpea el brazo.

Al día siguiente en la escuela, Juan se siente muy cansado y le cuesta concentrarse. El brazo le duele muchísimo. Ni siquiera puede recordar por qué se subió a esa barandilla.

Se siente un

El alcohol es un veneno. Una vez dentro de nosotros, nuestro cuerpo hace lo posible por librarse de él. Esta tarea la realiza fundamentalmente el hígado, mediante unas sustancias químicas llamadas enzimas, que fragmentan el alcohol en agua y en un gas, el dióxido de carbono. Éste sale de nuestros cuerpos por los pulmones y el agua en forma de orina. Cuanto más bebemos más enzimas necesitamos. Nuestro cerebro también aprende qué esperar: Juan bebe ahora más para obtener el mismo efecto. Su cuerpo se está acostumbrando al alcohol.

Si bebemos mucho alcohol, los nervios que mandan las señales dolorosas al cerebro se desconectan. Dejamos de sentir dolor hasta que el efecto de la bebida pasa. Nos resulta más fácil correr riesgos y somos menos capaces de juzgar distancias o alturas. Por eso Juan se cayó. Y controlamos menos nuestro comportamiento, razón por la cual Juan se subió a la barandilla. Emborracharse puede ser peligroso.

cuerpo

liota.

11

Consumo de alcohol en menores

La mayoría de los países han promulgado leyes sobre la venta de alcohol a menores. En Francia se puede beber cerveza a los 14 años, pero en España debes tener 18 al menos para comprar alcohol, mientras que en EE. UU. esta edad llega a los 21 años. Las tiendas o bares que vendan alcohol a menores están cometiendo un delito.

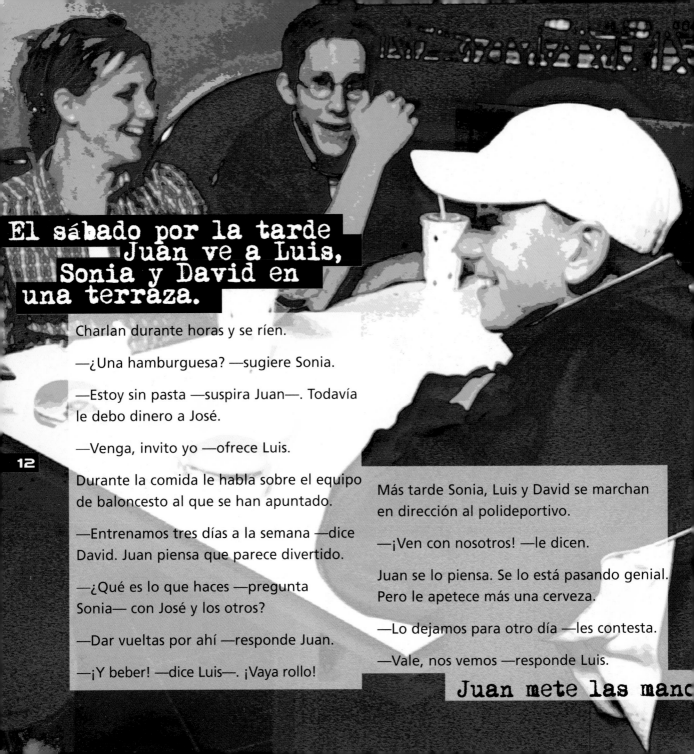

El sábado por la tarde Juan ve a Luis, Sonia y David en una terraza.

Charlan durante horas y se ríen.

—¿Una hamburguesa? —sugiere Sonia.

—Estoy sin pasta —suspira Juan—. Todavía le debo dinero a José.

—Venga, invito yo —ofrece Luis.

Durante la comida le habla sobre el equipo de baloncesto al que se han apuntado.

—Entrenamos tres días a la semana —dice David. Juan piensa que parece divertido.

—¿Qué es lo que haces —pregunta Sonia— con José y los otros?

—Dar vueltas por ahí —responde Juan.

—¡Y beber! —dice Luis—. ¡Vaya rollo!

Más tarde Sonia, Luis y David se marchan en dirección al polideportivo.

—¡Ven con nosotros! —le dicen.

Juan se lo piensa. Se lo está pasando genial. Pero le apetece más una cerveza.

—Lo dejamos para otro día —les contesta.

—Vale, nos vemos —responde Luis.

Juan mete las man

daños en el cuerpo

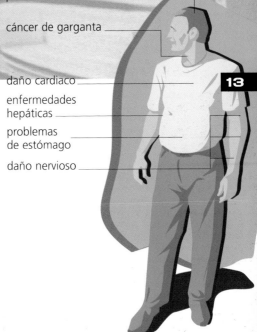

pérdida de memoria

cáncer de garganta

daño cardiaco

enfermedades hepáticas

problemas de estómago

daño nervioso

13

Un poco de alcohol no es perjudicial. La mayoría de los adultos que beben son lo bastante sensatos para saber lo que hacen. Un poco de alcohol todos los días puede ser incluso favorable en personas mayores frente a ciertos trastornos cardiacos, pero demasiado alcohol durante un largo periodo de tiempo perjudica a cualquiera.

Si Juan, José y los otros continúan bebiendo tanto, se arriesgan a sufrir daños, como los que muestra la figura, al ir haciéndose mayores.

en los bolsillos y se marcha.

—¿Por qué no hacemos una fiesta? —dice José—. ¿Dónde guardan tus padres las bebidas, Juan?

—¡No! ¡Se enfadarán! —contesta Juan.

—Venga… un poquito de cada botella. ¡Nunca se enterarán! —le dice José.

Juan y José encuentran las bebidas fuertes en un aparador y vierten un poco de cada una en una jarra de cerveza. Juan la va pasando: sabe horrible.

No recuerda todo lo que pasó después. Sí recuerda haberse arrastrado hasta el baño y haber vomitado; también que lloraba y pedía ayuda a José. Ahora está en la cama con un terrible dolor de cabeza. Sara, su madre, se sienta junto a él. Le da agua y paracetamol. Juan está mareado, tiembla y se siente fatal.

—Hablaremos de esto mañana —dice Sara con voz seria—. Ahora intenta dormir un poco más.

14

Juan se deja caer en la cama llorando

a resaca

an sufre lo que se llama resaca.

El hígado funciona sólo a un determinado ritmo para degradar el alcohol que has ingerido. Le lleva aproximadamente hora y media metabolizar una lata de cerveza o de sidra y otra librarse de un pequeño vaso de vino o de 25 ml de alcohol fuerte. Si bebes a más velocidad el nivel de alcohol en tu cuerpo aumentará y se hará peligroso.

Juan ha bebido mucho alcohol en un tiempo muy corto y su cuerpo no puede arreglárselas con él. Los mensajes que viajan de la parte trasera de su cerebro a su estómago le hacen sentirse enfermo. El alcohol hace que el cuerpo sufra escasez de agua, lo que le da un enorme dolor de cabeza y le hace sentirse muy sediento. Su hígado tiene que trabajar más de la cuenta al tener que metabolizar tanto alcohol; eso hace que se sienta exhausto. No hay un remedio rápido para la resaca. El cuerpo de Juan necesita toda la noche y prácticamente todo el día siguiente para recuperarse.

15

La gente dice que cuando tienes resaca te sientes como si te hubieran envenenado. Esto es exactamente lo que le ocurre.

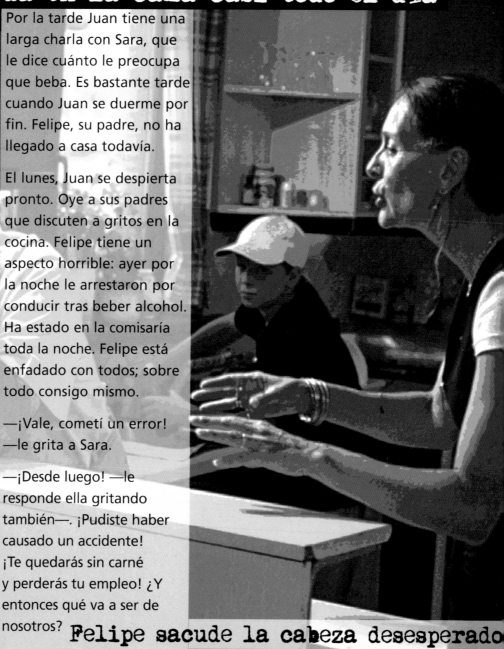

Juan se queda en la cama casi todo el día siguiente.

Por la tarde Juan tiene una larga charla con Sara, que le dice cuánto le preocupa que beba. Es bastante tarde cuando Juan se duerme por fin. Felipe, su padre, no ha llegado a casa todavía.

El lunes, Juan se despierta pronto. Oye a sus padres que discuten a gritos en la cocina. Felipe tiene un aspecto horrible: ayer por la noche le arrestaron por conducir tras beber alcohol. Ha estado en la comisaría toda la noche. Felipe está enfadado con todos; sobre todo consigo mismo.

—¡Vale, cometí un error! —le grita a Sara.

—¡Desde luego! —le responde ella gritando también—. ¡Pudiste haber causado un accidente! ¡Te quedarás sin carné y perderás tu empleo! ¿Y entonces qué va a ser de nosotros? **Felipe sacude la cabeza desesperado**

La policía detuvo a Felipe por conducir demasiado deprisa: averiguaron que había estado bebiendo, mediante un test de alcoholemia, lo llevaron a comisaría y lo metieron en una celda hasta que las pruebas demostraron que los efectos del alcohol habían pasado y que podía conducir con seguridad. Felipe ha cometido un delito: conducía demasiado rápido. Además tenía más alcohol en la sangre del que la ley permite a los conductores. Tendrá que esperar para saber qué va a suceder. Quizá le quiten el carné una temporada, o puede que tenga que pagar una cuantiosa multa. Felipe necesita conducir para trabajar; y el estar bebido mientras conducía le puede costar su empleo.

beber y conducir

La bebida y la conducción no se llevan bien. Hay que pensar con rapidez y claridad para conducir de forma segura. El cerebro recibe mensajes de los ojos, y manda otros mensajes a los músculos indicándoles lo que deben hacer. El tiempo que lleva esto se llama tiempo de reacción. El alcohol puede incrementar el mismo en más de un 25%.

Los conductores necesitan también juzgar la distancia a la que están otros vehículos y su velocidad aproximada. Como el alcohol inhibe sus células cerebrales, les resulta más difícil. También la visión se deteriora. Y es probable que el alcohol vuelva al conductor un temerario que se arriesga y que conduce más rápido de lo que debiera. En la mayoría de los países es un delito conducir si se tiene más de una determinada cantidad de alcohol en el cuerpo.

Algunos países permiten niveles mayores que otros. Si has estado bebiendo hay alcohol en tu aliento, en tu sangre y en tu orina, alcohol que la policía puede medir.

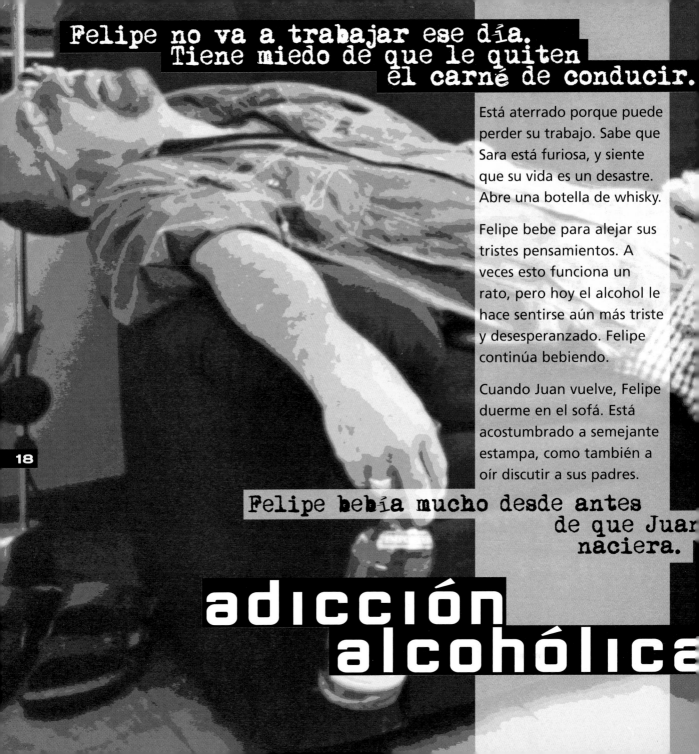

Felipe no va a trabajar ese día. Tiene miedo de que le quiten el carné de conducir.

Está aterrado porque puede perder su trabajo. Sabe que Sara está furiosa, y siente que su vida es un desastre. Abre una botella de whisky.

Felipe bebe para alejar sus tristes pensamientos. A veces esto funciona un rato, pero hoy el alcohol le hace sentirse aún más triste y desesperanzado. Felipe continúa bebiendo.

Cuando Juan vuelve, Felipe duerme en el sofá. Está acostumbrado a semejante estampa, como también a oír discutir a sus padres.

Felipe bebía mucho desde antes de que Juan naciera.

adicción alcohólica

Cuando las personas se sienten bien, un poco de alcohol puede ayudarles a relajarse y a relacionarse. El alcohol puede también deprimir o enfurecer. Felipe escapa a veces de sus preocupaciones bebiendo… durante un breve tiempo. Pero los problemas siguen ahí cuando los efectos del alcohol se disipan. En otras ocasiones, la bebida sólo agudiza sus negros pensamientos.

Felipe es adicto al alcohol. Bebe aunque le perjudique. Es corriente que no parezca borracho, pero bebe cada día para mantener el nivel de alcohol de su cuerpo. Ha desarrollado una enfermedad llamada alcoholismo.

Beber alcohol muchos años supone una gran presión para el cuerpo de Felipe. Su hígado está sometido a un trabajo excesivo. Tiene trastornos de estómago, y todo ello le hace mezquino e irritable. Grita a Sara con frecuencia.

El alcohol hace que el cerebro libere una sustancia química que produce una oleada de bienestar. Para conseguirla, una persona debe beber una y otra vez. Tras un cierto tiempo algunas personas se hacen dependientes de las sensaciones que el alcohol les aporta. No pueden vivir sin él: se han convertido en adictos.

19

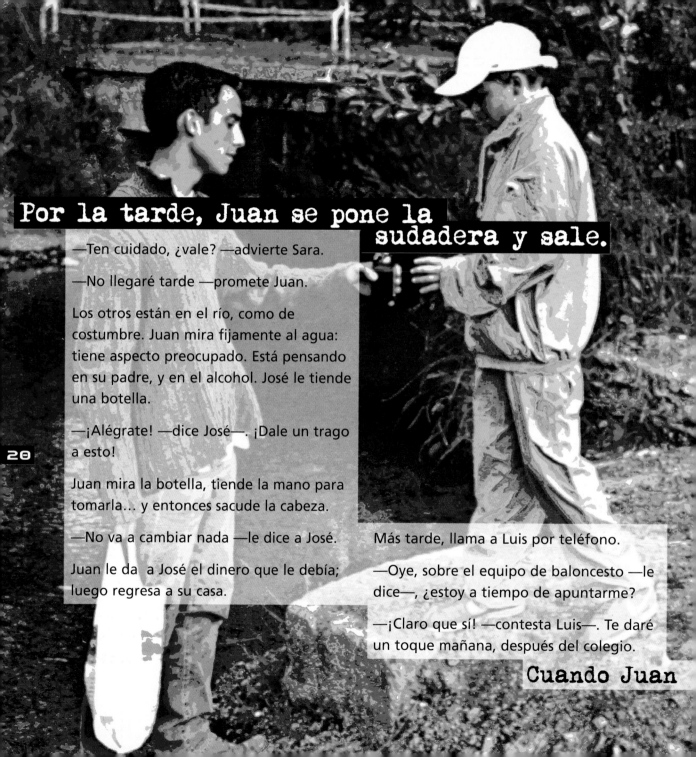

Por la tarde, Juan se pone la sudadera y sale.

—Ten cuidado, ¿vale? —advierte Sara.

—No llegaré tarde —promete Juan.

Los otros están en el río, como de costumbre. Juan mira fijamente al agua: tiene aspecto preocupado. Está pensando en su padre, y en el alcohol. José le tiende una botella.

—¡Alégrate! —dice José—. ¡Dale un trago a esto!

Juan mira la botella, tiende la mano para tomarla… y entonces sacude la cabeza.

—No va a cambiar nada —le dice a José.

Juan le da a José el dinero que le debía; luego regresa a su casa.

Más tarde, llama a Luis por teléfono.

—Oye, sobre el equipo de baloncesto —le dice—, ¿estoy a tiempo de apuntarme?

—¡Claro que sí! —contesta Luis—. Te daré un toque mañana, después del colegio.

Cuando Juan

el negocio del alcohol

La venta del alcohol es un gran negocio. Las compañías de bebidas alcohólicas gastan al año millones en publicidad: grandes imágenes conectan el alcohol con un mundo de aventura. Los anuncios muestran a gente que bebe en entornos elegantes. Comunican el mensaje de que beber alcohol es estimulante, glamuroso e inofensivo.

Las compañías de bebidas alcohólicas son algunos de los principales patrocinadores del mundo del deporte. Aportan dinero para equipos y para acontecimientos y a cambio sus marcas aparecen en televisión, en periódicos y en revistas. De este modo el alcohol se vincula a la buena forma física y a la popularidad.

Refrescos con alcohol

Los refrescos con alcohol son naranjadas, limonadas o colas, que se mezclan con alcohol y que enmascaran su sabor. Son muchos los que creen que estas mezclas, fáciles de beber, estimulan el consumo de alcohol por parte de menores de edad. Los fabricantes aducen que estas bebidas son únicamente para adultos. ¿Qué te parece?

cuelga el teléfono está sonriendo.

mucho tiempo

Como Juan, Felipe ha estado pensando mucho en el alcohol. Decide ir al médico.

—La mayor parte del tiempo me siento mal —dice—. Me duele el estómago, como poco y casi no duermo. Me han detenido por conducir bebido. Creo que tengo un problema con el alcohol. Necesito dejar de beber y necesito ayuda.

—Vamos a ver —responde la doctora, y oprime suavemente el abdomen de Felipe; nota que su hígado es demasiado grande. Mira las palmas de las manos que están muy rojas, signo de posible enfermedad hepática. Extrae un poco de sangre para los análisis sobre el hígado. Le pregunta luego cuánto alcohol bebe un día normal.

—Tendremos los resultados dentro de poco —comenta la doctora—. Pero tiene usted razón: el alcohol le está perjudicando.

Voy a darle

ebiendo

Los análisis de Felipe revelan que tiene el hígado enfermo y que sus glóbulos rojos han aumentado, lo que puede verse al microscopio. Al beber mucho alcohol durante años, la grasa se va depositando en el hígado, lo que hace que se hinche y duela. Puede desarrollarse una cirrosis, que vuelve al hígado fibroso y duro. Incluso puede dejar de funcionar por completo.

El alcohol puede dañar también al estómago. Ingerir grandes cantidades de alcohol hace que el estómago produzca más ácido, lo que a su vez erosiona su interior y duele.

La doctora ha visto que Felipe tiene problemas gástricos serios y trastornos hepáticos, así que necesita hospitalizarle un tiempo para realizar pruebas y tratarle. Abandonar el alcohol será lo primero.

El alcohol se mide en unidades. Una unidad son 10 ml de alcohol. Muchos expertos creen que es seguro para hombres adultos beber tres o cuatro unidades por día. El cuerpo de las mujeres, en general más pequeño y ligero, tiene menos agua para mezclar con el alcohol. Una adulta puede beber sólo de dos a tres unidades por día.

Los cuerpos de los jóvenes están en periodo de crecimiento. Si beben alcohol, ha se ser muy por debajo de esas cantidades.

1 unidad: un vaso (150 ml) de vino, una caña (250 ml), o 25 ml de bebidas de alta graduación.

4 unidades: una lata de cerveza fuerte.

2.7 unidades: una botella pequeña de refresco con alcohol.

una lista de organizaciones con sus números de teléfono. Allí encontrará ayuda.

Felipe decide intentar abandonar el alcohol inmediatamente.

Resulta más difícil de lo que había creído. Muy pronto se siente enfermo y se le revuelve el estómago. No puede estarse quieto y no hace otra cosa más que andar arriba y abajo por la habitación. Luego empieza a sudar y a temblar. Siente pánico. Sara le prepara una taza de café; las manos de Felipe tiemblan tanto que lo derrama por todas partes. Por último se rinde y se sirve un whisky.

Tal como sospechaba, Felipe necesita ayuda. Al día siguiente llama a uno de los números que la doctora le ha dado y fija una cita con un asesor, con el que hablará de su hábito de beber. Intentarán averiguar juntos por qué Felipe se ha hecho tan dependiente del alcohol. El asesor le sugerirá formas de ayudarle a controlar su consumo de alcohol. Felipe necesita tomar medidas para rebajar el número de copas que bebe.

síndrome de

Quizá tenga que dejar de beber por completo.

Las desagradables sensaciones que Felipe experimenta cuando deja de beber se llaman síndrome de abstinencia. Su cuerpo echa de menos el alcohol que ha estado consumiendo durante tanto tiempo. Su cerebro se ha acostumbrado al efecto de "desconexión" del alcohol. Sin él, se convierte en alguien inquieto y nervioso. Tiembla. El síndrome alcanza su punto más fuerte durante los tres primeros días después de dejar el alcohol. Ciertas personas pueden necesitar que el médico les recete algún medicamento para calmarles durante ese periodo.

es muy difícil cortar con la bebida, porque tienen que enfrentarse a los síntomas físicos del síndrome de abstinencia, y arreglárselas sin el breve placer al que su cerebro se había acostumbrado. Y tras años de beber puede dar miedo enfrentarse al mundo sin alcohol. Sin embargo, saben que tienen que dejar el alcohol completamente. Si toman tan sólo una copa, seguirán bebiendo para recuperar aquellas sensaciones placenteras y entonces tendrán que enfrentarse al síndrome de abstinencia de nuevo.

Terapia de grupo
Existen grupos locales constituidos para gente como Felipe o que ayudan a las familias de jóvenes afectados por el alcohol. Alcohólicos Anónimos es una organización donde personas adictas al alcohol se encuentran con otras que tienen el mismo problema. La gente que ha dejado de beber está allí para ofrecer ayuda y consejo a otros que quieren hacerlo. Alcohólicos Anónimos es una organización de ámbito mundial que cuenta con más de dos millones de miembros.

25

abstinencia

Celebrando la Navidad en casa de Juan.

volver

Juan ha invitado a Luis, Sonia y David.

En el centro de la habitación, Felipe se ríe con unos compañeros de trabajo. Le han retirado el carné de conducir un año, pero se las arregla para hacer su trabajo. Ha dejado de beber por completo.

—Estoy mucho mejor —dice a sus amigos—. Ya no me duele el estómago… ¡Y tengo más energías!

Juan esta sediento y se acerca a ver qué bebidas hay. Allí está Sara, llenando su vaso de vino.

Juan se sirve un refresco y mira cómo su madre toma su copa a sorbitos.

-Es raro -dice

Beber alcohol:
- no resuelve problemas
- no te hace popular
- cuesta dinero
- puede hacer que corras riesgos innecesarios
- empeora tu forma física

a controlar

Juan-.
¿Cómo es posible que el alcohol esté bien para ti pero no para papá?

27

—Nadie lo sabe —responde Sara—. El alcohol no es como el tabaco: un poco de alcohol está bien, y la mayor parte de la gente que bebe puede controlar la bebida. Disfrutan de la sensación que les da un poco de alcohol… pero se las pueden pasar sin él. En algunas personas como tu padre es el alcohol el que toma el control de sus vidas.

-¿Papá controla de nuevo, no? -pregunta Juan.

-Claro que sí -sonríe Sara.

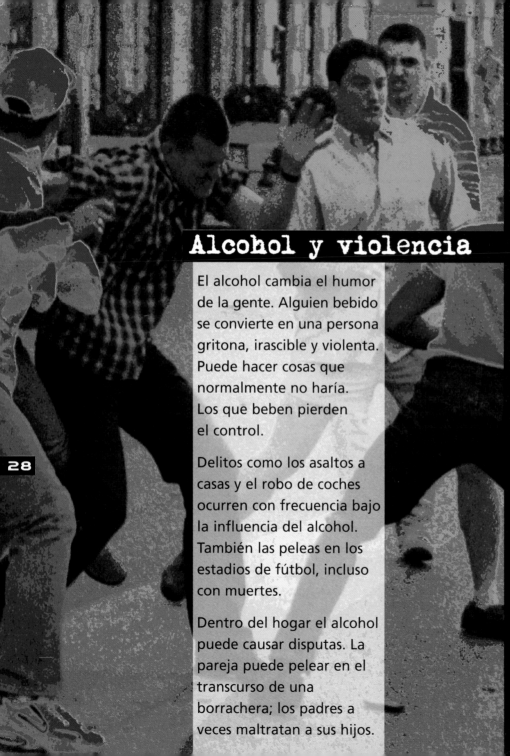

Alcohol y violencia

El alcohol cambia el humor de la gente. Alguien bebido se convierte en una persona gritona, irascible y violenta. Puede hacer cosas que normalmente no haría. Los que beben pierden el control.

Delitos como los asaltos a casas y el robo de coches ocurren con frecuencia bajo la influencia del alcohol. También las peleas en los estadios de fútbol, incluso con muertes.

Dentro del hogar el alcohol puede causar disputas. La pareja puede pelear en el transcurso de una borrachera; los padres a veces maltratan a sus hijos.

¿Conoces a alguien que ter un problema con el alcohol Puede necesitar ayuda si ha algunas de las cosas siguier

- creer que necesita beber para divertirse
- beber cuando está solo
- beber cuando está preocupado
- beber después de una discusión o una decepciór
- recordar cómo comenzó l pasada noche... pero no cómo llegó a casa
- tener problemas para concentrarse en el estudi o el trabajo por el alcoho
- prometer una y otra vez que va a disminuir el consumo de alcohol pero no hacerlo, o mentir sobr lo que bebe
- beber siempre más depris que cualquiera de los demás y emborracharse si querer

Si necesita ayuda debe hab con un adulto de confianza contactar con alguna de las organizaciones consignada: final de este libro.

Puede ser duro decir "no" cuando todos los demás están bebiendo. Practica el "no" con un amigo en casa, o contigo mismo frente a un espejo. Recuerda que no necesitas alcohol para pasarlo bien. No pasa nada si te callas o no se te ocurre ninguna cosa divertida que decir. Todo el mundo es distinto: limítate a ser tú. A tus amigos les gustas por lo que eres. Está bien decir "no".

Haz amistad con gente que no beba alcohol. No necesitas alcohol para pasarlo bien.

"No, gracias, no quiero beber".
"No, gracias, no me gusta el sabor".
"No, gracias, no necesito alcohol".

decir "no" al alcohol

29

¡Emergencia!

Si bebes demasiado de una vez puedes quedar inconsciente. Caes en un profundo sueño y nada te despierta. Es peligroso dejarte solo porque puedes vomitar y ahogarte. Si alguien que conozcas está así vuélvele sobre un lado para impedir que se ahogue. Mantenle caliente con una manta o una prenda de abrigo. Llama a una ambulancia. Quédate con la persona inconsciente hasta que llegue la ambulancia.

Quien beba una gran cantidad de alcohol de una vez se puede morir porque bloquea el centro que controla la respiración en el cerebro.

Si alguien que conoces pierde la conciencia al beber demasiado, vuélvele sobre un lado (posición de recuperación) para impedir que se asfixie.

los datos

¡Peligro!

Los médicos coinciden en que **nunca**
se debe:

beber y tomar otras drogas

beber y conducir

beber y manejar máquinas

beber y nadar

beber y andar en bici

del alcohol

Los efectos del alcohol son rápidos si los bebedores:

- son pequeños y ligeros
- no tienen costumbre
- beben mezclas o cócteles
- beben rápidamente
- beben sin comer

El alcohol es una droga. Puede crear adicción.

Beber mucho puede causar pérdida de vitaminas, problemas de sueño, halitosis, trastornos de estómago, pérdida de memoria y deterioro muscular. Con el paso de los años puede producir lesiones hepáticas, problemas en los nervios de los brazos y de las piernas, depresión, problemas sexuales y cierto tipo de cáncer.

El alcohol engorda. El hígado descompone el alcohol en grasa y azúcar. Un vaso de vino o una cerveza tienen las mismas calorías que una rebanada de pan con mantequilla y ¡sin vitaminas!

Beber es caro. Diez latas de cerveza cuestan lo mismo que un CD nuevo.

Los niños de madres bebedoras suelen pesar menos de lo normal y tener problemas de salud. Cientos de jóvenes de edad inferior a quince años ingresan en hospitales todos los años con envenenamiento alcohólico.

El alcohol se relaciona con unas cien mil muertes anuales en los EE.UU.

La gente que empieza a beber antes de los 15 años tiene mayor probabilidad de hacerse dependiente del alcohol que quienes empiezan a beber siendo adultos.

glosario

adicto: persona tan dependiente de una droga que no se siente bien si no la toma. Las drogas que hacen al cuerpo dependiente de ellas se llaman drogas adictivas.

alcoholismo: una persona que sufre de alcoholismo necesita ingerir alcohol para vivir. El alcoholismo es una enfermedad que perjudica la salud de quien la padece y puede hacer que pierda su empleo, su casa y su familia.

asesor: persona capacitada para escuchar y ayudar a la gente a resolver sus problemas.

drogas: sustancias químicas que alteran el funcionamiento del cuerpo y la mente.

enzimas: sustancias químicas sintetizadas por el cuerpo que aceleran determinados cambios químicos. Las enzimas hepáticas, por ejemplo, degradan sustancias perjudiciales, como el alcohol, en sustancias de las que el cuerpo puede librarse sin correr riesgos.

etanol o **alcohol etílico:** alcohol que se encuentra en las bebidas alcohólicas. Se hace de frutas y de cereales. El etanol hace más lenta la actividad cerebral.

nervios: diminutos cordones por los que viajan los mensajes que van y vienen entre el cerebro y otras partes del cuerpo.

paracetamol: medicina que alivia el dolor corporal rápidamente.

refresco con alcohol: bebida con azúcar que contiene alcohol. Una botella de 330 ml contiene aproximadamente dos unidades de alcohol (la misma cantidad que hay en una caña de cerveza o en un whisky doble).

resaca: consecuencia a corto plazo de ingerir mucho alcohol. Consiste en un cuadro de fuerte dolor de cabeza, ganas de vomitar y malestar general.

síndrome de abstinencia: conjunto de síntomas molestos o dolorosos que se experimenta al abandonar una droga adictiva. El del alcohol incluye temblores, sentimientos de pánico y preocupación, vómitos y a veces ataques o visiones terroríficas.

unidad: medida de alcohol. Una unidad es una cantidad exacta que equivale a 8 g o 10 ml de etanol.

información adicional

Obtener ayuda

Si tienes un problema con el alcohol, hay personas que pueden ayudarte. Habla con un adulto en el que confíes o telefonea a alguno de los centros que se consignan más abajo. A veces las líneas telefónicas están ocupadas: no abandones, sigue intentándolo.

Fed. Nal. de Alcohólicos Rehabilitados de España (FARE)

Plaza de los Mostenses, 7 3° B. 28015 Madrid. Tlf.: 915 591 888

Alcohólicos Anónimos, Oficina de Servicio General

Avda. de Alemania 9, 3° izq. 33400 Avilés (Asturias) Tlf.: 985 566 345

Alcohólicos Españoles

28028 Madrid. Tlf.: 917 266 053 Fax: 913 612 876

Páginas Web de utilidad

Alcohólicos Anónimos (AA)

http://www.alcoholics-anonymous.org

Sitio oficial en el que encontrarás consejos, eventos e información.

http://www.cop.es/colegiados/gr02556

Web de información y ayuda al alcoholismo en España.

http:/bcnet.upc.es/ceia/ceia-1.htm

Servicio europeo de información sobre alcoholismo.

índice

títulos de la colección

¿Qué cambios produciría el **EMBARAZO**
en el **cuerpo&mente** de Elena?

¿Cómo influye el **SOBREPESO**
en el **cuerpo&mente** de Jamal?

¿Cómo afecta la **ANOREXIA**
en el **cuerpo&mente** de Kim?

¿Qué síntomas produce el **ALCOHOL**
en el **cuerpo&mente** de Juan?

¿Cómo afectan las **DROGAS**
en el **cuerpo&mente** de Alejandro?

¿Qué efectos tiene el **TABACO**
en el **cuerpo&mente** de Kate?